中华大人物
传奇名将

马允伦 等 编写

中国少年儿童新闻出版总社
中国少年儿童出版社
北京

图书在版编目（CIP）数据

传奇名将 / 马允伦等编写 . -- 北京：中国少年儿童出版社 , 2024.1
（百角文库 . 中华大人物）
ISBN 978-7-5148-8386-2

Ⅰ . ①传… Ⅱ . ①马… Ⅲ . ①军事家 – 生平事迹 – 中国 – 古代 – 青少年读物 Ⅳ . ① K825.2-49

中国国家版本馆 CIP 数据核字 (2023) 第 245137 号

CHUANQI MINGJIANG
（百角文库·中华大人物）

出 版 发 行：中国少年儿童新闻出版总社
　　　　　　中国少年儿童出版社

执行出版人：马兴民

丛书策划：	马兴民　缪　惟	美术编辑：	徐经纬
丛书统筹：	何强伟　李　檍	装帧设计：	徐经纬
责任编辑：	徐　伟	标识设计：	曹　凝
责任校对：	刘　颖	封面图：	宣　懿
责任印务：	厉　静		

社　　址：	北京市朝阳区建国门外大街丙 12 号	邮政编码：	100022
编 辑 部：	010-57526270	总 编 室：	010-57526070
发 行 部：	010-57526568	官方网址：	www.ccppg.cn

印　　刷：河北宝昌佳彩印刷有限公司

开　本：787mm × 1130mm　1/32		印张：3
版　次：2024 年 1 月第 1 版		印次：2024 年 1 月第 1 次印刷
字　数：30 千字		印数：1-5000 册
ISBN 978-7-5148-8386-2		定价：12.00 元

图书出版质量投诉电话：010-57526069　　电子邮箱：cbzlts@ccppg.com.cn

序

提供高品质的读物,服务中国少年儿童健康成长,始终是中国少年儿童出版社牢牢坚守的初心使命。当前,少年儿童的阅读环境和条件发生了重大变化。新中国成立以来,很长一个时期所存在的少年儿童"没书看""有钱买不到书"的矛盾已经彻底解决,作为出版的重要细分领域,少儿出版的种类、数量、质量得到了极大提升,每年以万计数的出版物令人目不暇接。中少人一直在思考,如何帮助少年儿童解决有限课外阅读时间里的选择烦恼?能否打造出一套对少年儿童健康成长具有基础性价值的书系?基于此,"百角文库"应运而生。

多角度,是"百角文库"的基本定位。习近平总书记在北京育英学校考察时指出,教育的根本任务是立德树人,培养德智体美劳全面发展的社会主义建设者和接班人,并强调,学生的理想信念、道德品质、知识智力、身体和心理素质等各方面的培养缺一不可。这套丛书从100种起步,涵盖文学、科普、历史、人文等内容,涉及少年儿童健康成长的全部关键领域。面向未来,这个书系还是开放的,将根据读者需求不断丰富完善内容结构。在文本的选择上,我们充分挖掘社内"沉睡的""高品质的""经过读者检验的"出版资源,保证权威性、准确性,力争高水平的出版呈现。

通识读本,是"百角文库"的主打方向。相对前沿领域,一些应知应会知识,以及建立在这个基础上的基本素养,在少年儿童成长的过程中仍然具有不可或缺的价值。这套丛书根据少年儿童的阅读习惯、认知特点、接受方式等,通俗化地讲述相关知识,不以培养"小专家""小行家"为出版追求,而是把激发少年儿童的兴趣、养成正确的思考方法作为重要目标。《畅游数学花园》《有趣的动物语言》《好大的地球》《看得懂的宇宙》……从这些图书的名字中,我们可以直接感受到这套丛书的表达主旨。我想,无论是做人、做事、做学问,这套书都会为少年儿童的成长打下坚实的底色。

中少人还有一个梦——让中国大地上每个少年儿童都能读得上、读得起优质的图书。所以,在当前激烈的市场环境下,我们依然坚持低价位。

衷心祝愿"百角文库"得到少年儿童的喜爱,成为案头必备书,也热切期盼将来会有越来越多的人说"我是读着'百角文库'长大的"。

是为序。

马兴民

2023 年 12 月

目　录

1　　孙　武

13　　孙　膑

31　　卫　青　霍去病

51　　岳　飞

75　　戚继光

孙 武

(约前545—约前470)

孙武,春秋末期齐国人,卓越的军事家。他曾率领吴军打败了强大的楚国,攻下了楚国都城,威名大振。孙武写的兵法十三篇是我国古代最早最著名的军事著作,被称为《孙子兵法》。这本书总结了古代战争的经验,提出了许多宝贵的军事思想和战术,在全世界产生了很大的影响。

操练女兵

孙武对用兵打仗很有研究。他从齐国来到吴国以后,写了十三篇兵法。

当时吴国一直受大国楚国的欺侮。阖闾(lǘ)当了吴王以后,一心想振兴国家。

楚国有个名叫伍子胥(xū)的,父亲和哥哥都被楚平王杀害了。他满怀仇恨,逃到了吴国。他认识孙武,就把孙武的十三篇兵法献给吴王,还把孙武的才能对吴王说了。

吴王看了兵法,马上召见了孙武,客气地对他说:"我很钦佩您的学问,不知道您能不能训练一支军队让我瞧瞧。"

"当然可以。"孙武爽快地回答。

吴王看到孙武自信的样子,脑子里忽然冒出一个奇怪的念头:"那么,让您训练一队女兵行不行呢?"

"行啊!"孙武回答得很干脆。

"那好,明天一早,我叫后宫的宫女出来,请您训练一下好吗?"

"好的,我一定尽量使大王满意。"孙武说,"不过,训练军队非同儿戏,顶要紧的是服从军纪。大王叫我训练女兵,也得按军纪办事。"

"那当然,一切都听您的指挥。"吴王满口答应。

第二天一早,吴王命令后宫一百八十名宫女到宫门前集合,等候操练。宫女们一边说笑着,一边向宫门前的广场走去。

广场上已经搭好了将台,台子两旁站着雄赳赳的武士。鼓声响了,孙武身穿将军服,大步跨到台前。他把这些宫女分成两队,又挑选两名吴王最宠爱的宫女当队长。

孙武把操练的动作讲了一番，又宣布了军队的纪律。最后他问："你们都听清楚了吗？"

"听清楚了！"宫女们回答。

于是，孙武发出了操练的号令。想不到宫女们听到命令，一下子哄笑起来。原来她们以为这是在闹着玩儿，刚才孙武的话，谁也没认真听，现在看到孙武一本正经的样子，都觉得很好笑。尤其是那两个队长，笑得都弯下了腰。

孙武以为是自己没讲明白，就又把纪律和动作交代了好几遍，然后第二次发出命令。

可是这一次，宫女们笑得更厉害了，嘻嘻哈哈地闹成一团，简直不成样子。

忽然，将台上鼓声如雷，只见孙武向前跨出一步，厉声说道："纪律和动作反复讲过多次了，你们还是不按规定去做，这是故意违反军纪。队长带头破坏军纪，应该按军法处置！"

说完,他大声命令左右的武士:"把两个队长拉下去砍了!"

这时候,吴王带着随从,正坐在对面楼台上看操练。刚才他还以为孙武学问虽好,可拿这些女兵们毫无办法。现在看到孙武要杀他心爱的宫女,不禁大吃一惊,赶忙派人对孙武说:"您的本领我领教了。这两个美人千万不能杀,还是饶了她们吧!"

"不行!"孙武斩钉截铁地说,"不管是谁,违反军纪就得按军法处置!"

结果,孙武还是杀了这两个队长,另选了两个宫女当队长。

"咚,咚,咚!"操练的鼓声又响了。这一回的情形可大不相同了,宫女们都聚精会神地听从号令。前进、后退、向左、向右,一律按照规定进行,完全跟正式的军队一样。

操练结束，孙武向吴王报告："队伍训练好了。现在只要大王一声令下，就是让她们赴汤蹈火，也是可以做到的！"

拖垮楚军

吴王失去了两个心爱的宫女，虽然满肚子不高兴，但是对孙武的本领，又不得不佩服。于是，他请孙武当了大将，把练兵伐楚的重任交给了他。

英雄有了用武之地，孙武日夜不停地忙碌起来。没过多久，一支纪律严明、作风顽强的军队训练成了。

被楚王杀了父兄的伍子胥报仇心切，天天跑来催孙武，问几时能出兵楚国。孙武说："楚国是个大国，有二十万军队。我们吴国的军队只有三四万。要以少胜多，还要在各方面做好充分的准备。"

后来，孙武想出了拖垮楚军的办法。他把吴国军队分成三支，轮番去骚扰楚国的边境。

楚王一听吴军来犯，马上出动军队，赶到前线抵挡。不料，楚军一到，吴军却早已退走了。楚军扑了个空，只好撤回去。刚一退兵，另一支吴军又打过来了，楚国又出动兵马，前去抵抗。楚军被孙武牵着鼻子，不断地来回奔跑，弄得精疲力尽，狼狈不堪。就这样，一连折腾了五六年。楚军整天提心吊胆，不得休息。时间一长，将士们叫苦连天，士气渐渐低落。

吴王和伍子胥得知这个情况，高兴地对孙武说："你这办法真妙！现在楚军已经被我们弄得疲乏了，可以进攻了吧？"

孙武还是摇头，慢条斯理地说："要做到战必胜，攻必克，还要等待时机。要等到楚国内部发生混乱，让咱们有机可乘才行。"

直取郢都

好机会果然来了。

这一年，楚平王死了，刚刚即位的楚昭王是个昏君。他把楚国大权交给了令尹（相当于宰相）子常，自己整天过着花天酒地的生活。子常也是个贪得无厌的家伙，常常向周围的小国索取财物。周围小国都非常怨恨楚国。但是，他们的国家很弱小，怕打不过楚国，最后都来请求吴国帮助，要吴王替他们出出这口怨气。

孙武得到消息，马上赶到王宫，兴奋地对吴王说："我过去迟迟反对出兵，就是因为楚国国大兵强，又有许多小国归附它。现在，楚昭王昏庸，子常专横贪暴，激起了周围小国的怨恨，这正是我们大举伐楚的好时机。大王，这回可以出兵了!"

吴王也早就盼着这一天,他立刻任命孙武为大将,伍子胥为副将,统率大军,在唐、蔡两国军队的配合下,向楚国发动进攻。大军一直推进到汉水北岸。

子常听说吴军来了,立即带领二十万军队,赶到汉水南岸。将军司马戌(xū)献计说:"吴军远道而来,看样子不会马上渡河。您先在这里守着,让我率领一支人马,绕到吴军后面,来一个两头夹攻,保证能把他们打得大败。"

子常同意了。谁知司马戌刚走,部将史皇就偷偷地对子常说:"司马戌的办法好是好,就怕事成之后,让他抢了头功。这对您很不利呀!我们的军队这么多,难道还怕吴军不成?"

史皇几句话把子常说动了。他不顾司马戌的叮嘱,急忙渡过汉水,去找吴军决战。

孙武正担心子常不肯过河作战，见楚军过河了，真是喜出望外。他不等楚军站稳脚跟，就命令吴军发起猛烈的进攻。吴军久经训练，个个武艺高强，楚军抵挡不住，一直退到了柏举（在现在湖北省）。可没等喘口气，吴军又追了上来，吓得楚军四散逃命。

子常眼看势头不对，慌忙脱下袍服，逃到郑国去了。司马戍得知消息以后，赶来搭救，结果被孙武的大军团团包围，在战场上自杀了。

吴军乘胜追击，接连打了五个大胜仗，仅仅用了十二天，就攻下了楚国的都城郢（yǐng，在现在湖北省）。楚昭王吓得魂飞魄散，仓皇逃跑了。这就是赫赫有名的柏举之战。

柏举之战是春秋时期以少胜多，快速取胜的成功战例。后来，楚国虽然在秦国的帮助下恢复了国家，实力却大大地削弱了。

"知己知彼,百战不殆"

孙武用兵最讲究策略和方法。他所著的《孙子兵法》十三篇,系统地总结了我国古代战争的经验,内容十分丰富,是一部不朽的军事经典著作。书里讲到的不少军事科学道理,至今还在被人们借鉴和运用。

《孙子兵法》中有一句名言,叫"知己知彼,百战不殆(dài)"。就是说,作战之前要详细摸清对方军事、经济方面的情况,作战当中要随时掌握形势的变化,采取相应的措施。另外,对自己一方的军事情况,也要了如指掌,比如官兵是不是团结、士气是不是高涨、战斗的准备是不是充分,等等。只有这样,胜利才能有把握。

他还认为,用兵作战没有固定的形式,就

像水没有固定的形态一样，要随时根据敌情的变化，避实就虚，出奇制胜，做到攻其不备、出其不意。

《孙子兵法》不仅是我国古代最著名的一部兵书，在世界上也有很大的影响。很早以前，它就传到了日本和欧洲各国，被翻译成英、法、德、日、捷、俄等几十种文字。到现在，世界上还有不少的人在研究它，有人甚至称它是"世界古代第一兵书"哩！

孙 膑

(生卒年不详)

孙膑,战国中期的军事家,出生在齐国,是孙武的后代。"膑"是我国古代的一种酷刑,孙膑因为在魏国受过这种刑罚而得名。孙膑后来回到了齐国,担任军师,先后两次大败魏军,创造了"围魏救赵"等经典战例。他写了一部兵书,就叫《孙膑兵法》,是我国古代最著名的军事著作之一。

鬼谷子的学生

孙膑从小死了父母,由叔叔抚养成人。他勤奋好学,后来拜一个叫鬼谷子的人为师,学习兵法。

鬼谷子本来的名字叫王栩(xǔ),上懂天文,下知地理,闻名四方。他不愿意做官,长期隐居在鬼谷山中,把学问传授给弟子。大家都很尊敬他,叫他鬼谷子。

跟孙膑一起学习兵法的还有一个魏国人叫庞涓,俩人很要好,结拜为兄弟。但是,他们的性格大不相同。孙膑忠厚朴实,虚心好学;庞涓骄傲自大,一心只巴望着飞黄腾达。

当时,魏国经过吴起变法以后,国家日益强大起来。魏惠王到处招揽人才,准备进一步扩大魏国的势力。庞涓得到消息,在山沟里再也待不住了,就辞别先生,到魏国去了。

孙膑仍然留在鬼谷子身边,继续专心学习。鬼谷子很喜欢孙膑,就把《孙子兵法》十三篇传授给他。孙膑如获至宝,细心读了起来。没过多久,孙膑就把这部兵法背得滚瓜烂熟了。

过了好些日子,他忽然接到庞涓从魏国送来的一封信,让他赶紧到魏国去。原来,庞涓在魏国当上了将军,带兵打败了卫国、宋国和齐国,魏惠王对他越来越信任。庞涓让孙膑也到魏国去,共同干一番事业。孙膑看完信,高兴极了。他告别了鬼谷子,就上了路。

悲惨的遭遇

孙膑到了魏国,庞涓带他见了魏惠王。魏惠王听说孙膑很有本事,非常高兴,就让他留在魏国帮助庞涓,等他有了功劳,就封他做官。

庞涓很关心孙膑。有一天，他对孙膑说："你的家不是在齐国吗？为什么不把亲人接来呢？"

"唉！"孙膑叹了一口气，"我自幼父母双亡，叔父带着我和堂兄孙平到洛阳谋生，不幸遇上了荒年，结果我和他们失散了，至今还不知道他们的下落。"

庞涓也叹了口气，表现出很同情的样子。过了些时候，有个齐国人来找孙膑，带来堂兄孙平的一封信。信上说，叔父孙乔已经死了，要他想办法回齐国家里瞧瞧。孙膑看完信，痛哭了一场，又回了一封信，托那人带给孙平，说自己也很想回去看看，只是自己在这里受到魏王的重用，一时走不开。

不料这封信却被魏国边境的守军搜出来，交给了魏惠王。魏惠王忙问庞涓："孙膑想回齐国去，你看怎么办？"

庞涓想了想，就说："孙膑是齐国人，当然不会忘记自己的故国。可要放他回去，对我们魏国可不利呀！我先劝劝他，如果他愿意留下，那最好；万一他一定要回去，当初是我把他叫来的，大王就把他交给我来处理好了。"

于是，庞涓找到孙膑，问他："听说你接到一封家信，有这回事吗？"

"有啊！是我堂兄来信叫我回齐国去，可我怎么离得开这里呢！"

庞涓说："你离家这么久了，真该回去看看。你可以向大王请一两个月的假，保证按期回来，不就行了？"

"我怕引起大王的怀疑，所以不敢提。"

"师兄不必多虑，小弟会大力帮助你。"庞涓极力怂恿他。

庞涓为什么在魏王和孙膑面前说的不一样

呢？原来庞涓非常好妒忌。他知道孙膑比自己的本事大，对自己不利，就故意把他召到魏国，想法儿害他，那封信和送信人都是他安排的。孙膑根本不知道庞涓的心思，就听了他的话，向魏惠王上了道奏章，提出要请假回齐国。

魏惠王正怕孙膑私通齐国，背叛魏国呢！一见奏章，他大发雷霆，立刻派人把孙膑抓了起来，交给庞涓审问。庞涓见孙膑上了圈套，心里可得意啦！但他还是假惺惺地安慰孙膑说："你不要害怕，大王那儿我会去说情的。"

过了一会儿，他故意慌慌张张地跑回来，跺着脚对孙膑说："不好啦！大王怒气冲天，说你私通齐国，非要把你判死罪不可。我再三求情，他才勉强答应改处膑刑和黥（qíng）刑（在脸上刺字的刑罚）。现在大王的命令已经下来了，说什么也不能挽回了！"

孙膑流着泪说："事情到了这个地步，有什么办法呢？虽然我要受刑，但总算免了死罪。你这样出力帮忙，我一辈子都不会忘记的。"

孙膑被剜（wān）去了膝盖骨，从此便残废了，只能爬着走路。

逃到齐国

过了不久，庞涓对孙膑说："听说老师把《孙子兵法》十三篇传授给你，你能不能把它默写出来，也好传给后世，扬扬你家的名气！"

孙膑哪里知道庞涓的用心。他成了残废以后，靠着庞涓过日子，心里老觉得过意不去。现在总算找到了报答的机会，就爽快地答应了。他凭着记忆，天天在竹简上默写兵法……

庞涓派来伺候孙膑的仆人，很同情孙膑的遭遇，有一天就偷偷地把庞涓的阴谋告诉了他，还说，庞涓得到《孙子兵法》以后，就要立刻把他杀死。这下子，孙膑才从梦中惊醒，悲愤地说："想不到庞涓这样狠毒！只怪我瞎了眼，竟交了一个人面兽心的朋友！"

孙膑想：难道自己就在这儿等死吗？不，一定要活下去报仇！他左思右想，终于想出一个脱身之计。

有一天，他忽然把写好的兵法统统烧了，又一会儿笑，一会儿哭，乱喊乱叫起来。

庞涓跑来一看，还不大相信，就叫人把他扔到猪圈里。孙膑在猪圈里乱滚，还抓了一把猪粪往嘴里塞。庞涓这才相信他真的疯了。

后来，有一个齐国使臣来到魏国。孙膑在一天夜里，冒着生命危险，偷偷地去见这位使臣，诉说了自己的悲惨遭遇。

使臣听说过孙膑的才能，十分同情地说：

"想不到庞涓这样无情无义,心狠手辣。孙先生是齐国人,还是跟我回齐国去吧!我们齐国非常需要您这样的人才啊!"

于是孙膑就藏在使臣的马车里,逃到了齐国。临走的时候,他把自己的衣服和鞋子脱下来,扔在河边。庞涓以为孙膑已经投河自杀了,才放下心来。

围魏救赵

孙膑回到齐国,做了将军田忌的门客。因为帮助田忌赛马获胜,被举荐给了齐威王,从此成了齐威王的座上客。

有一年,庞涓率领军队攻打赵国,把赵国的都城邯郸包围起来。

赵国派人向齐国求救。齐威王就准备派孙膑当大将,前去救援。孙膑辞谢说:"我是个残废，如果当了大将，一定会被敌人嘲笑，说咱们齐国没有人才。大王还是另派别人，让我帮他出出主意吧！"

于是齐威王就派田忌当大将，让孙膑当军师。孙膑坐在一辆有篷的车子里，同田忌一起出征了。田忌带着兵马，打算直接去救赵国。

"不行，不行！"孙膑连忙阻止说，"直接去救邯郸，我看不妥当！"

"邯郸眼看就要保不住了，我们应该快点去救啊！您怎么说不行呢？"田忌着急地问。

孙膑冷静地说："光急没有用，虽说救兵如救火，但是也要看具体的情形。好比阻止两个人打架，只能从旁劝说，可不能直接插手帮着打。解围的道理也差不多，最好采取避实就虚的办法。不必跟围城的敌军主力正面交锋，只要乘虚袭击敌人兵力薄弱的后方。一旦敌人的后方吃紧了,他们就会撤兵。这样,赵国就可以解围了。"

"您的意思是……"

"魏国的精锐部队都被庞涓带到赵国去了,国内留下的不过是些老弱残兵。咱们不如统率大军,直攻魏国都城大梁(在现在河南省开封市)。庞涓知道了,一定会撤兵回救大梁。我们再选择有利地形打一仗,消灭他们,岂不是一举两得吗?"

"好计策!"田忌恍然大悟,连声叫好。

齐军浩浩荡荡,直向大梁挺进。这时候,邯郸经不住魏军的长期猛攻,城墙被攻破了。庞涓正扬扬自得,以为马上就可以拿下邯郸,忽然听到大梁受到齐军攻打的消息,果然十分惊慌,只好丢下邯郸,带领所有兵马,匆匆赶回魏国。

长期作战的魏军，得不到一刻休息，又急如星火地往回跑。跑呀，跑呀，好不容易才跑回魏国的境内。

前面就是桂陵（在现在河南省，也有的说在山东省）了。庞涓远远一看，只见那儿旗帜飘扬，刀枪耀目，齐军严阵以待，已经在这里等候多时了。

庞涓归心似箭，一个劲儿地逼迫将士们往前冲。魏军疲惫不堪，士气低落，齐军以逸待劳，士气旺盛。两军一交锋，魏军就被打得落花流水。

庞涓左冲右突，杀不出去，最后被齐军活捉了。齐军的一个将领对庞涓说："我们军师说了，放你回去，要是下次再来兴兵犯境，就不饶你了。"

"你们军师是哪一个？"庞涓奇怪地问。

"就是你害不死的孙膑。"

"啊？"庞涓这才知道，孙膑并没有死。他气恨恨地一跺脚，就离开齐营，回魏国去了。

减灶诱敌

魏军在桂陵吃了败仗，可实力没有受到很大影响。自那以后的十几年中，庞涓又打了不少胜仗，变得更加骄傲自大、目中无人了。

有一年，庞涓率军攻入韩国境内。韩国连战连败，不断派人向齐国告急求援。

齐威王仍旧任命田忌为大将，孙膑为军师，带领军队前去救援。孙膑还是采用桂陵之战的老办法，不直接去解救韩国，而是向魏国进军。

魏军眼看就要攻下韩国的都城了，不想又传来齐军攻入魏国的消息，庞涓暴跳如雷，说："一定又是那个该死的瘸子出的主意。这一回，我非得给他一点颜色瞧瞧不可!"

庞涓率军日夜不停地往回赶,恨不得一下子追上齐军,把他们吃掉。正走着,探子来报告说:"齐军听说将军已经回来,前天一早就拔营退走了!"

"追!"庞涓发出命令。

魏军追了一阵,追到了齐军扎过营的地方。只见地上密密麻麻地布满了齐军留下的军灶。庞涓走下战车,叫人数了数灶。数完了,他说:"这么多灶,足够十万人做饭吃的!"

第二天,队伍追到了齐军第二次扎过营的地方。庞涓又叫人点了点军灶的数目,发现比前一次减少了将近一半。

到了第三天,齐军留下的军灶更少,只够供三万来人吃饭了。

"哈哈哈!"庞涓情不自禁地笑起来,"我

早就料到齐军尽是些胆小鬼。你们看,在短短的三天中,齐军的军灶就减少了一大半。就是说,齐军在半路上已经逃跑了一大半,简直比兔子还要胆小哪!哼,这一次我一定要穷追到底,叫他们一个也跑不了,也好洗雪当年在桂陵失败的耻辱!"

他又下令往前追。可魏军将士都累得上气不接下气了。其实,孙膑正是要用减灶诱敌的计策,来拖垮魏军。

计杀庞涓

正当魏军十分疲乏的时候,孙膑已经在前头的马陵(在现在河北省,也有说在河南省),布下了天罗地网。

马陵的地势十分险要,两边尽是高山峭壁,当中只有一条叫马陵道的狭窄小路,可以通行。

魏军赶到这里的时候,天已经快黑了。这一天刚好是阴历十月底,没有月亮,四周一片昏暗。庞涓一个劲儿地催将士们往前赶,忽然前面有人喊:"路被木头堵住了,马过不去!"

"笨蛋!"庞涓毫不在意地骂道,"这分明是齐军害怕被我们追上,才这么干的。你们快点下马,把木头搬开!"

说着,他迫不及待地赶去指挥士兵们搬木头。天越来越黑,他就让士兵们点起火把。

庞涓打量了一下四周,发现路旁的树木差不多都被齐军砍倒,只有一株又高又大的树,仍然孤零零地挺立在黑影里,树干上还被剥掉了一大块树皮,露出青白的颜色。他上前仔细一看,上面好像还写着什么字哩!庞涓心里纳闷,想看清楚上面到底写的是什么,就叫人点起火把,凑近大树的跟前一瞧,只见树干上刻着一排醒目的大字：

庞涓死于此树之下

庞涓猛地一惊，吓得魂飞魄散，连声大叫："退兵！赶快退兵！快！快……"

话没说完，两边的山头上万箭齐发，像雨点儿似的飞射下来。霎时间，四周响起了惊天动地的喊杀声。

"不要放走庞涓！"山头上，孙膑向齐军发出命令。

原来孙膑用减灶的办法诱来庞涓以后，估计魏军今晚会到马陵，就命令士兵砍倒了道旁的树木，在留下的一棵大树上刻了字，然后吩咐齐军埋伏在两边的山头上。他对士兵们说："你们一见大树下有火光，就一齐朝那儿放箭。"

庞涓果然中了圈套。魏军进退两难，惊慌失措，被冲下山来的齐军杀得大败。庞涓知道自己逃不掉了，长叹一声说："完了，完了！我上了瘸子的当，竟让孙膑这小子出名啦！"

他只好拔出剑，自刎在大树下。①

齐军打败了魏军，孙膑的名声也更大了。

孙膑是战国时期著名的军事家。他写的一部兵书《孙膑兵法》，1972年在山东省临沂银雀山的一座汉墓中被发现了。这是我国古代继《孙子兵法》以后，又一部杰出的军事著作。

---

① 关于庞涓的死，说法不一。也有说庞涓是在桂陵之战中被捉住以后杀死的。

卫 青 霍去病

在西汉抗击匈奴的斗争中,卫青和霍去病是两员战功卓著的统帅。

卫青(?—前106)是汉武帝皇后卫子夫之弟,从一个家奴成为大将军,统帅汉军七次出击匈奴,取得重大战果。

霍去病(前140—前117)是卫青的外甥,年轻有为,六次领兵出击匈奴,并和卫青率军击败了匈奴主力,解除了匈奴对西汉王朝的威胁。

放羊娃当了将军

汉武帝的姐姐平阳公主有一名老女仆。她没有名字,因为丈夫姓卫,大家就管她叫卫媪(ǎo,年老的妇女)。卫青就是卫媪的儿子。他还有两个姐姐。

卫青小时候给平阳公主家放羊,每天早出晚归,风里来,雨里去,受了很多苦。艰苦的生活磨炼了小卫青,使他养成了吃苦耐劳、坚忍不拔的性格,身体也长得棒棒的。几年过去了,他成了一个很有活力的小伙子。虽然他只是个家奴,可谁见了都夸奖说:"这孩子将来一定有出息,说不准还会成为贵人哩!"

后来,卫青的姐姐卫子夫做了汉武帝的妃子。卫青也跟着姐姐进了宫,成了汉武帝身边的侍卫。

当时，北方的匈奴经常前来袭扰，闹得边境上的百姓不得安宁。汉武帝即位的时候，国家已经强大起来。他是一个有志气的皇帝，决心要训练好军队，反击匈奴。

要打败匈奴，必须选拔一批得力的将领。汉武帝看到卫青勇敢坚强，忠诚可靠，就交给他一支军队，让他当了将军。

不久，匈奴骑兵又来侵犯边境，杀了许多人，抢走了不少财物。汉武帝大怒，派四路兵马抗击匈奴，其中一路就让卫青率领。

卫青全身披挂，雄赳赳地出发了。这是他第一次上阵，又是第一次单独指挥军队跟匈奴人作战。他心里暗暗想：这可是报国立功的好机会啊，仗只能胜不能败。

初战得胜

匈奴人来势凶猛。能不能打败他们,汉军将士们都不免有些犹疑。卫青一边分析敌情,一边鼓励大家说:"匈奴人仗着能骑善射,占了不少便宜。但是他们千里奔驰,肯定人困马乏。只要咱们抓住时机,趁他们不防备的时候冲过去,就一定能打败他们。"

卫青率领三万精锐的骑兵,像一把利剑,插到敌人当中。卫青一马当先,向匈奴骑兵发起了猛攻。

辽阔的草原上,一场惊天动地的激战开始了,到处都是喊杀声和兵器的撞击声。渐渐地,匈奴人支撑不住了,丢下几千具尸体,狼狈地向北逃窜。卫青乘胜追击,一直打到了龙城(匈奴祭天的地方),取得了反击战的胜利。

卫青带着军队凯旋，汉武帝高兴地连连夸奖说："了不起，了不起！第一次打仗就能旗开得胜，真是好样的！"

从此，卫青在军中的威望大大提高了，成为朝中年轻有为、举足轻重的大将。

断敌后路袭河南

黄河从青海朝北流向甘肃，又在内蒙古折向东流，形成了迂回曲折的河套。河套地区，在秦汉时期称为河南。这里土地肥沃，水草繁茂，又靠近长安。可是匈奴人占据了这一带，对汉朝形成了严重的威胁。

前127年，匈奴又来侵犯，不仅攻进了长城，还把辽西太守杀了。汉武帝决定立即出兵，并且打算趁此机会收回河套地区。他把这个重任交给了卫青。

出征之前，汉武帝召见了卫青，问他对这次战争有什么打算。卫青说："河南是匈奴白羊王和楼烦王的驻地。如果我们从南面发动进攻，他们吃了败仗，一定会向北撤走，以后还会卷土重来。最好的办法是绕到敌人的后方，截断他们的归路。"

"这样好是好，就是太冒险了点儿。"汉武帝担心地说，"万一打不赢，咱们同样没有退路啊。"

"打仗嘛，总要担点儿风险。我是有把握的！"

看到卫青信心十足的样子，汉武帝终于同意了。

北方的冬天，寒风刺骨。卫青率领四万汉军，踏着厚厚的冰雪，走了一千里路，悄悄地插到了匈奴的后方，并且迅速攻占了河南通往北方的隘口高阙（què，在现在内蒙古自治区）。

白羊王和楼烦王还蒙在鼓里呢！几个从高阙逃回来的匈奴士兵向他们报告："汉军从我们的背后打过来了！"

白羊王和楼烦王吓了一大跳。这时候卫青的人马也跟着赶到了。匈奴人无心恋战，只得向陇西（在现在甘肃省）撤退。汉军马不停蹄，人不下鞍，紧紧咬住匈奴人不放，一口气追赶了几千里。

白羊王和楼烦王为了保命，丢下几乎全部人马和一百多万头牛羊，带上几个亲兵，好不容易才逃了出去。

这一仗，汉军共歼敌两千多，还俘虏了好几千人，被匈奴侵占七十多年的河套地区，终于回到了汉朝手中。

汉武帝在河南地区设立了朔方郡，并派了

几十万人到那里开荒种地,大大发展了边疆地区的生产,巩固了北方的安全。

大败右贤王

匈奴丢掉了河南,不肯善罢甘休。前124年,又派右贤王率领大队骑兵,到汉朝边境烧杀抢掠。汉武帝任命卫青为车骑将军,率领十万大军出征匈奴军队。

汉军向匈奴右贤王的驻地挺进。右贤王很狂妄,以为汉军不敢深入匈奴腹地找他决战。下面的人向他报告汉军出动的消息,他还满不在乎地说:"你们慌啥!汉军离这儿远着呢!他们难道能长翅膀,一下子飞到这里来吗?"

一天深夜,四周一团漆黑。右贤王的帐幕里,不时传出阵阵鼓乐之声。右贤王正在饮酒作乐,欣赏歌舞。

突然，帐外响起了急促的马蹄声，一个大将闯了进来，气急败坏地喊叫："不好啦！我们被汉军包围了！"

"胡……胡说，哪……哪来的汉军？"右贤王醉醺（xūn）醺地说。

话还没说完，外面的战鼓声和呐喊声已经响成一片。右贤王吓得酒也醒了，顾不上组织人马抵抗，带着几个亲信落荒而逃。

卫青不顾长途跋涉的劳累，率军奋勇追击。他们追杀了几百里，把匈奴的乱军杀得七零八落，俘虏了一万五千多敌人，还夺得了几十万头牲畜。

胜利的消息传到长安，汉武帝欣喜万分，立刻派使者带上大将军的印，赶到前线，封卫青为大将军。卫青成了大汉最高的军事统帅。

冠军侯

前线胜利的消息不断传来。卫青的外甥霍去病激动得觉都睡不着了。霍去病当年跟随姨母进宫的时候,还是个蹦蹦跳跳的小孩子。别看他年纪轻,志气却很高。他常常跟着舅舅卫青学习骑马射箭,不久就练成了一身过硬的本领。他多次跑去找汉武帝,要求让他跟随舅舅一起出征。汉武帝摸摸他的小脑袋,说:"你还小嘛,怎么好去打仗呀!"

霍去病的心里有多急啊!他想呀、盼呀,巴望着自己能够快点儿长大。

他十八岁那年,舅舅卫青又要率军同匈奴人打仗去了。大军出发前,霍去病跑到汉武帝面前,坚决要求随军出征。汉武帝说:"打仗可危险啊!你年纪还小,就别去了吧。"

霍去病哪里肯依，他撸起袖子，露出粗壮的胳膊，说："陛下，我都十八岁了。您看看，我多有劲儿！"

汉武帝被他缠不过，只好说："好吧，这一次就让你去试试。你可千万要小心啊！"

汉武帝任命他为票姚校尉（小军官，"票姚"，就是勇敢敏捷的意思），还挑选了八百名骑兵归他指挥。

到了前线，卫青派出六位将军，分路出击，其中一路由霍去病率领。卫青自己坐镇大营，专等各路大军的消息，好随时准备策应。

谁知道，这一仗打得不很顺利，六路兵马有两路吃了败仗，而霍去病又迟迟不见回来。卫青坐卧不安，生怕外甥首次出马，会出什么意外。

一天，大营外传来将士们的欢呼声："票

姚校尉回来了！票姚校尉回来了！"

卫青赶紧跑出去一看，只见霍去病骑着白马，手提一颗人头，正朝大营疾驰而来。八百名骑兵紧跟在后面，还押着两个匈奴贵族模样的俘虏。卫青又惊又喜，急忙询问霍去病这次战斗的经过。

原来，那天霍去病带领八百名骑兵，一直朝北飞奔。草原上静悄悄的，看不到一个人影。他们跑哇跑哇，一气跑了好几百里。黑夜降临了，可大家杀敌心切，谁也不愿两手空空地回去，于是就在马背上过了一夜。第二天一早，继续北进。曙光中，前面隐隐约约地出现了一排排形状像馒头似的东西。

啊！这是匈奴人的帐幕。霍去病和士兵们又紧张又兴奋。霍去病把八百人分成几队绕道向帐幕包抄过去。

匈奴人在帐幕里睡得正香哩！霍去病带着勇士们，首先冲进了一个最大的帐幕。

敌人措手不及，吓得哇哇乱叫。霍去病看见一个肥头胖脑的家伙，正抱着脑袋准备往外溜，就冲上前，"咔嚓"一刀，砍下了他的脑袋。

八百名勇士分头闯进各座帐幕，就像砍瓜切菜似的，把敌人杀个精光，还活捉了两个匈奴贵族。

原来，霍去病他们是闯到匈奴老窝里去了。那个被砍去脑袋的胖家伙，是匈奴单于的叔祖父。被活捉的两个人，一个是匈奴的相国，一个是单于的叔父，都是赫赫有名的大人物。

霍去病第一次出征，就立下奇功。大军班师回朝以后，汉武帝亲自在皇宫里召见了卫青和霍去病。他亲切地拍了拍霍去病的后背，高兴地说："你年纪轻轻的，打起仗来却像一只小老虎,真是勇冠三军啊!哈哈,我就封你做个冠军侯吧!"

河西大捷

前121年春天,汉武帝任命霍去病为骠骑将军,向盘踞在"河西走廊"的匈奴人发起进攻。

"河西走廊"是古代通往西域的交通要道,因为在黄河以西,才叫了这个名称。匈奴在这一带驻扎了十万骑兵。

当时霍去病只有一万人马,可他毫不惧怕,统率汉军,跨高山,渡大河,直插敌人的驻地。匈奴人摸不准汉军的底细,见汉军来势凶猛,连忙调集兵马,抢筑堡垒,准备抵抗。

霍去病装出要发动正面进攻的样子,暗中却率领骑兵,绕道一千多里,插到敌人的后方去了。

那里是匈奴卢侯王和折兰王的驻地。他们根本没料到，霍去病会从后头来，慌忙把人马调过去，进行抵抗。可卢侯王很快发现汉军的人数很少，就冷笑起来，说："这个霍去病真是胆大包天了。前一次突然窜到我们的后方，占了便宜，这一次居然又来了。哼！我非要叫他有来无回不可！"

一场短兵相接的肉搏战开始了。敌人的人数比汉军多出好几倍，加上霍去病他们刚刚经过长途跋涉，人困马乏。厮杀一阵以后，汉军渐渐地有点儿支撑不住了。

形势多么危急啊！

霍去病知道，现在汉军远离后方，既无退路，又无援兵，如果往后一退却，阵脚一乱，后果是不堪设想的。两军相遇勇者胜，这可是最紧急的关头啊！于是他圆睁怒目，大吼一声，带着几个亲兵，旋风般地卷到了敌阵当中。

看到主将带头冲锋陷阵，将士们精神猛然振奋起来。他们忘记了疲劳，顾不得伤痛，一齐呼喊着，扑向敌人。刀枪在阳光下闪闪发光，喊杀声震耳欲聋。匈奴人经不住这种凌厉的攻势，阵脚有些乱了。

"冲啊！"霍去病高亢洪亮的喊声再一次响了起来。

这一仗打了六天六夜，汉军杀死匈奴骑兵八千九百多人，卢侯王和折兰王也在其中。那些侥幸没死的匈奴人，都逃得无影无踪了。汉军大获全胜，缴获了大批物资和牛羊。

就在当年的夏天，霍去病又率军来到这里，发动了第二次河西战役，先后打垮了匈奴浑邪王和休屠王的主力，歼敌三万多人。他们还俘虏了匈奴的阏氏（yān zhī，王后）、王子、相国、将军等一百多人。汉军一直向前挺进了三千多里，使匈奴人遭到了沉重的打击。

前119年，汉武帝又调集了十万骑兵、几十万步兵，进行了声势浩大的远征。

汉军兵分两路，分别由卫青和霍去病担任统帅。这次战争取得了彻底的胜利。卫青统率的西路军打败了匈奴单于的主力；霍去病统率的东路军也消灭了敌人七万多。从此，匈奴人逃得远远的，在很长的一段时间里，再也没有力量侵犯汉朝了。

汉武帝奖赏有功将士，让卫青和霍去病共同掌管军事大权。

大将军的气度

在反击匈奴的历次战斗中，卫青建立了卓越的功勋，但是他从来不居功自傲。

卫青当了大将军,仍然平易近人,和蔼可亲,从来不摆架子。朝廷赏给他的金钱,他常常拿来分给部下。行军路上,碰到缺水的时候,士兵们挖井取水,他总是让大家喝完以后,自己才喝。这样的将军,谁不爱戴呀?因此,将士们都很乐意听从他的指挥。

卫青为人正直,对有才能的人非常器重。当时有一个名叫汲黯的人,性情高傲。别人碰到卫青,都要下拜,只有他一个人例外,见了卫青,总是拱拱手,算是行过礼了。有人对他说:"你也真是的,这样对待大将军,岂不是太没有礼貌了!万一他怪罪下来,那可就够你受的啦!"

汲黯却不以为然地说:"这又有什么呢?凭大将军的地位,杀死一个人还不容易?不过他能容得下我这样的人,不是更说明大将军宽宏大量吗?"

这话传到卫青的耳中,他不但不生气,反而对汲黯更加敬重了,还多次主动找他商量国家大事。后来他们两个成了亲密的好朋友。

"匈奴未灭,无以家为"

霍去病很像他的舅舅卫青,谦虚谨慎,爱护士卒,把国家的利益看得比什么都重要。就在河西大捷之后不久,汉武帝为了表彰他的战绩,特地给他修了一座豪华的住宅。汉武帝满以为霍去病一定会欣喜万分,对自己感激不尽哩!谁知霍去病却紧皱眉头,一口拒绝了。他坚决地说:"匈奴未灭,无以家为!"意思是说,匈奴还没有消灭,怎么可以先为自己的家庭打算呢?

霍去病十八岁从军,先后六次出征匈

奴，立下了汗马功劳。不幸的是，他只活到二十四岁，就患病过早地离开了人间。十年以后，卫青也去世了。

卫青和霍去病是汉武帝手下最得力的两员大将。他们死后，汉武帝非常悲痛，特意在自己的陵墓旁，建造了两座巍峨宏伟的坟墓，把他俩安葬在里面。据说卫青的墓，形状很像匈奴境内的卢山；霍去病的墓，形状很像祁连山。这两座坟墓一直保存到今天（在现在陕西省兴平县）。

卫青和霍去病的英雄形象，就像卢山和祁连山一样高大挺拔，在历史上闪耀着光芒。

岳 飞

(1103—1142)

岳飞,南宋初年最著名的抗金将领。岳飞智勇双全,善于用兵。他率领的"岳家军"军纪严明,英勇善战,多次沉重打击了侵犯中原的金军。岳飞立志收复宋朝被金国占领的土地。可是南宋皇帝宋高宗和内奸秦桧为了向敌人求和,命令他撤兵,后来又以"莫须有"的罪名把岳飞杀害。

展翅的大鹏

北宋末年,相州汤阴县(在现在河南省)有一个农民叫岳和。一天,岳和正在田里干活,他的邻居急匆匆地跑来喊他:"快!你家娘子就要临盆(就是生小孩)了。"

岳和听说以后,丢下手中的农具,向家中奔去。他刚要迈进大门,有一只大鸟,紧贴着他家低矮的茅草房顶,叫唤着飞向云端,宽大的双翅,把地上的尘土扬得老高。这时候,一阵婴儿的啼哭声传来,婴儿降生了。岳和得了一个儿子。

他望着襁褓(qiǎng bǎo)中的儿子,想着那只大鸟,觉得这是吉祥的兆头。于是,他就给孩子起名岳飞,字鹏举,希望他将来像一只展翅翱翔的大鹏,前程远大。

岳家很穷,靠租种别人的土地过活,没有钱送孩子读书。岳飞从很小的时候起,就跟随父母到田里干活。晚上,父亲用树枝在地上一笔一画地教他识字。为了节约灯油,岳飞经常捡干柴木棒,把它们点着了,就着这微弱的亮光识字读书,常常学到天亮。

几年以后,岳飞已经读了许多书,尤其喜欢读《左氏春秋》《孙子兵法》和《吴起兵法》。书中有些精彩的段落,他还能一字不差地背出来。

岳飞从小参加劳动,身体锻炼得很结实。十几岁的时候,他就能拉三百斤的硬弓了。汤阴县有一位武功师傅,名叫周同。他擅长射箭,好多青少年都拜他为师,学习箭法。同村的长辈见岳飞小小年纪竟有那样大的臂力,就推举他到周同门下学射箭。

学过一段时间以后，一天，周同把弟子们召集在一起，当众连发三箭，都射中了百步以外的靶心。弟子们见了，都为自己的老师喝彩。周同对弟子们说："你们练到这种程度，我才能向你们传授更精深的射术。"

岳飞急于学到老师的全部本领，马上走到周同面前，恭恭敬敬地行过礼以后，说："请您让我射三箭试试吧！"

周同点头答应。岳飞拉弓搭箭，瞄准靶心，"嗖"的一声，靶子上原来周同的箭筈（kuò，箭的末端）应声而碎。紧接着，岳飞又发一箭，同样射中另一支箭筈。

周同高兴极了，当即把自己最心爱的两张弓送给岳飞。从这以后，周同把自己毕生的本领，毫无保留地传授给了岳飞。

在周同的传教下，岳飞的箭法有了很大进

步，能左右开弓，百发百中。后来，他又跟随名枪手陈广学习枪法，练就了一身出类拔萃的好枪术。

冰上之战

岳飞到二十岁的时候，已经十分老练成熟了。他少言多思，性情宽厚，遇事非常沉着。

那时候，北方的金国不断骚扰宋朝的边境。岳飞觉得这正是他为国出力的时候，就去当了"敢战士"，走上了疆场。很快他就因为机智勇敢，当上了"十队长"（小队长），不久，又被提升为下级军官。

一年冬天，天冷得出奇，就连波浪翻滚的黄河也结了厚厚的一层冰。岳飞每天带着兵士在驻地滑州（在现在河南省）南面结了冰的黄河上练习骑射。

这一天,岳飞正同战士们在宽敞的冰面上训练,忽听有人高喊:"金兵来了!"

战士们仔细一看,果真一大队金军人马从冰上朝这边杀了过来。嘈杂的马蹄声和叫嚷声听得越来越清楚了。敌众我寡,战士们有些慌乱。岳飞当机立断,决定迎战。他对大伙儿说:"他们人数虽多,并不知道咱们的虚实,只要我们从气势上压倒他们,一定能取胜。"

说完,岳飞一抖缰绳,战马嘶鸣着冲向前去。战士们听了岳飞的话,胆也壮了,一下都冲了上去。岳飞挥刀朝金军一员将领杀过去,那员金将也舞起大刀朝他砍来。岳飞大喝一声,挥刀猛砍,刀口竟砍进敌将大刀一寸多深。敌将大吃一惊,正在发愣,岳飞已乘机拔出刀来,把他砍死了。宋军将士大受鼓舞,一阵猛冲,把金兵杀得大败。岳飞又领兵追了几十里。

这一仗,岳飞以少胜多,杀死敌兵一千多,缴获了数百匹战马。他的名字开始在宋军中传开了。

岳飞论阵图

1127年,金军撤离了东京城。宋徽宗和宋钦宗两个皇帝作为俘虏,也被押解到北方去了。宋钦宗的弟弟赵构当上皇帝,就是南宋的开始。赵构,也就是宋高宗。这时候,岳飞来到抗金名将宗泽帐下,当了一名军官。

宗泽对岳飞十分赏识,把他叫到自己身边亲切地说:"你有勇气,有胆识,并且武艺高强,可你只是凭勇气,喜欢野战,这样做不符合古代兵法。当个副将还能胜任,以后成为大将,统率全军,恐怕就不能胜任了!"

说完,宗泽命人取出自己珍藏的阵图,郑

重地交到岳飞手中，叫他好好学习。

晚上，岳飞在灯下展开阵图，仔细研究。他发现这些阵图过于古板，总是局限在固定的套路里。岳飞把这些阵法和流行的布阵形式加以比较，苦苦思索了一个通宵，终于想出了一套切合实际的排兵布阵法。

过了几天，宗泽把岳飞叫到跟前，问他阵图学得怎么样了，岳飞实话实说："古今作战大不相同，如果被古代的阵图限制住，是无法在今天的战场上取胜的。"

"这样说，古人的兵书阵法都没用了？"宗泽听了，有些不高兴。

岳飞不在意地接着说道："常见的是先布阵后作战，可如何排兵布阵才能切合实际，就要看大将的才智了。打仗贵在出奇，排兵布阵也应使敌方无法猜到我方虚实，才能取胜。"

宗泽听后，顿时喜上眉梢，诚恳地说："你说得有道理，我被你说服了。"

原来，宋朝将帅出征打仗，不论遇到什么情况，都必须按皇帝事先绘制的阵图布阵，这是宋军常常打败仗的原因之一。岳飞这番话，就是针对这个教训说的。从此，久经战阵的宗泽也打心眼儿里佩服这个头脑清楚的年轻将领了。

收复建康

后来，宗泽病死了，接替宗泽守汴京的叫杜充。他贪生怕死，不顾岳飞的坚决反对，竟然放弃了汴京，往南逃跑。早已跑到南方的宋高宗不但不追究，反而让杜充负责驻守重镇建康（现在江苏省南京市）。

没过多久，金军在兀术的率领下大举南下，攻下了建康，杜充又跑了。而岳飞仍然坚持在这附近率军抗敌。这时候，他已经成为智勇双全的大将，又有了一支英勇善战的"岳家军"。

大将韩世忠在黄天荡大败金军，兀术狼狈地逃回了建康城。岳飞知道以后，非常兴奋。他立刻带领岳家军去收复建康。

这一天，岳家军在建康城南的牛头山上埋伏起来。半夜的时候，金军都呼呼入睡了，岳飞派出一百名战士出发了。他们都穿着黑衣服，趁天黑混进金营，就喊起来："宋军来了！宋军来了！"

金军从梦中惊醒，以为宋军真来了千军万马，慌乱中拿起武器就冲杀出来，而一百名宋军战士早已撤离了。金军一阵自相残杀，死伤无数。

金军上当以后，整天提心吊胆。兀术自知在建康城待不下去，就决定撤回北方。岳飞得到消息，立刻率军赶到建康城外，没想到兀术刚领兵走远。兀术临走下令杀光百姓，放火烧城。望着建康城火海一片，死尸遍野，岳飞心中的怒火也燃烧起来。他大声下令："杀！把没走远的敌兵消灭，为建康百姓们报仇！"

岳家军将士齐声呐喊，杀向没来得及撤走的敌人，岳飞挺枪一马当先，来往奔驰，与敌将交战。金兵急于撤退，也无力抵挡。结果，没渡过江的人马全被岳家军歼灭。岳飞收复了建康城。

反对投降议和

岳家军驻扎在襄阳。有一天，从北边过来一队人马，有一百多人，他们是来投奔岳飞的。原来，这些人是义军的骨干，为首的叫梁兴，大家都叫他梁小哥。

岳飞听说后，非常高兴。他知道义军是北方人民自动组织起来的抗金队伍，在群众中威望很高。他连忙召见梁兴。梁兴说："我们想为国出力，赶走金兵，所以来投奔您。"

"你们在北方人多地熟，有了你们，将来收复国土就更有把握了！"岳飞高兴地说。

于是，岳飞请求朝廷，准许他出兵北伐。不久，岳家军攻到了河南地界（在现在河南省西部一带），占据了好些城镇。可是，宋高宗并不想真心抗敌，只给前方军队很少的粮草。岳飞好几次打了胜仗都因为粮草不足而无法继续前进，只好又退了回来。为了粮草不足的事，岳飞十分着急。

就在这时候，从都城临安传来了坏消息。原来宋高宗一心想和金国讲和，他重用主张和金国讲和的秦桧，让他当上了宰相。秦桧被金军俘虏过，死心塌地替金国出谋划策。后来金国又把他放回南宋，让他劝宋高宗归顺金国。秦桧实际上是个内奸。他当上宰相后，就排挤打击主战派官员，开始向金国乞求投降。消息一传出，临安城里，无论正直官员，还是普通百姓一致反对，好多人都去请求宋高宗杀了秦桧，甚至有人准备刺杀这个卖国贼。

岳飞在前方知道这件事后，也十分气愤。他连忙上书给宋高宗，说："我们和金国的仇恨，一天都不应该忘记。我愿意率军北上，恢复大宋朝的江山。"

有一次，岳飞到临安，见到宋高宗。宋高宗很得意地告诉他："金国已经派人来这里议和，答应把部分失地退还我朝。今后不用再打仗啦！"

岳飞着急地说："金国的话不能相信，议

和是靠不住的。秦宰相不为国家着想,将来一定要被后人耻笑。"

这话实际上也是说给宋高宗听的。宋高宗很不高兴。他不听岳飞的话,还是重用秦桧。不久,秦桧就跪在金国使臣面前,代表宋朝向金国称臣。金国同意把一部分土地还给宋朝,南宋答应每年进贡银子二十五万两,绢二十五万匹。这样,南宋成了金国的属国。千万将士的血白流了。

岳飞坚决反对这样的议和。他又一次上书朝廷,坚持抗金的主张,说:"以往的事证明,金国多次欺骗我们。他们一定还会背信弃义。议和不是长久之计,我愿意带兵收复失地,为国家报仇!"

听了岳飞的这个主张,许多主战派官员十分高兴,秦桧却恨得咬牙切齿。从此,他把岳飞看作投降金国的最主要障碍,"除掉岳飞"的罪恶想法在他的心里产生了。

郾城大捷

果然不出岳飞所料,不久,金国就撕毁了协议,派兀术率领大军重新开战。不到一个月的时间,金兵把归还宋朝的土地又都占领了。南宋也只好应战。

1140年,岳飞率领岳家军从鄂州(在现在湖北省)出发,开始了大规模的北伐。几天后,岳家军连打几个胜仗,进入了河南。"精忠岳飞"的大旗和"岳"字旗迎风飘扬,将士们精神抖擞,同仇敌忾(kài)。岳飞也因为要和敌人决战而无比兴奋。岳家军乘胜前进,在四十天内就收复了洛阳等几十座大小城镇,并且包围了旧京城汴京。

岳飞决定与兀术的主力决战，就在汴京南边的郾城驻扎下来，向金军挑战。兀术也出动了"铁浮图"和"拐子马"，向岳家军杀来。铁浮图又叫"铁塔兵"，骑兵头戴双层头盔，身披厚甲。三匹马为一组，用皮带连在一起。战马每前进一步，后面就有人放上"拒马子"，不许战马再后退。战士们有进无退，只有拼死向前。在铁浮图左右，还有轻骑兵，就是"拐子马"，可以突然出击，左右冲杀。铁浮图和拐子马是兀术的"常胜军"，多次打败过宋军。这一次，他决定用来对付岳家军。

岳飞早有准备，已经训练出一支对付铁浮图的步兵。所以当兀术大军杀到郾城的时候，岳家军毫不畏惧。步兵手持大刀和大斧，弯下身子，冲向铁浮图，刀斧一齐向马腿砍去。马腿一断，人也被掀了下来，失去了战斗力。岳飞又指挥精壮骑兵对付拐子马。这场恶战从午后一直杀到天黑，铁浮图和拐子马终于被彻底打垮。兀术惊慌失措，催马逃走。岳家军一路追杀，杀得金军尸横遍野。兀术望着剩下的残兵败将，伤心地大哭起来，说："我自出兵以来，靠这铁塔兵、拐子马打了多少胜仗，不想今天一阵全完了啊！"

在这场战斗中，岳飞亲自上阵，开弓射箭，持枪拼杀，使将士们深受鼓舞。部将杨再兴率三百骑兵在郾城北小商桥和金兵遭遇，被几十倍的敌人包围。杨再兴和士兵们拼死冲杀，消灭敌兵两千多人，他自己也浑身中箭，直到壮烈牺牲。人们从他的遗体上取出箭头整整两升！可见，郾城之战何等惨烈！

郾城大战的胜利，使宋军处于非常有利的地位。梁兴率领义军也截断了敌人的粮道。金军将士被岳家军打怕了,都胆战心惊地说:"撼山易,撼岳家军难哪!"

到这时候,兀术只好下令准备北渡黄河,撤退回国。岳飞抓住战机,率军进驻离汴京只有四十多里的地方,准备乘胜渡过黄河,一举收复河北失地。多年来为国报仇的愿望,就要实现了!

十二道金牌

岳飞万万没想到,就在他准备完成收复失地大业的时候,秦桧竟从背后进行破坏。秦桧劝宋高宗下令让岳飞撤兵。宋高宗也担心岳飞势力太大,难以控制,就下诏书,命令岳飞停止进军,撤回原地。

岳飞接到诏书,立刻写了奏章,恳求说:"如今金军锐气已丧尽,正准备后退。我军将士士气正旺,谁胜谁败,已成定局。大功即将告成,千万不能撤退呀!"

谁知,这个奏章刚刚送出,宋高宗又在一天之内连发了十二道金牌,催岳飞撤兵。这种金牌是皇帝下发特急命令的标志,要不分昼夜传递,一天能走四五百里。岳飞接到金牌,知道收复国土的愿望无法实现了,绝望地长叹一声说:"十年抗金的努力全白费了!已经收复的失地,又要全部丢失。我大宋江山,从此难以恢复了!"

岳家军要撤走的消息一传出,附近的百姓都赶来,围在岳飞的马前,央求说:"您不能走啊!您这一走,兀术又要来,我们就没法活命啦!"

岳飞也流着泪说:"皇上有诏书,我不能违抗啊!"

望着岳家军远去的背影,百姓们一个个痛哭失声。忠勇的岳飞哪里想得到,他服从宋高宗的命令回到临安,就要落进秦桧设计好的陷阱中。

遇害风波亭

原来,兀术已经秘密写信给秦桧,让他想法害死岳飞,然后再让宋高宗和金国讲和。秦桧果然照办,设下了陷害岳飞的毒计。岳飞回到临安不久,秦桧的亲信就诬告他违抗皇上命令。宋高宗听了,真就罢了岳飞的官职。

接着,又有人造谣说,岳飞手下的大将张宪替岳飞打抱不平,要出兵威胁朝廷,让岳飞复职。秦桧立刻派人把张宪抓了起来。张宪受到严刑拷问,他坚决不承认有岳飞指使他造反的事。秦桧的亲信竟假造供词,说张宪已承认岳飞让他造反。于是，岳飞和儿子岳云都被逮捕下了狱，由宋高宗亲自过问。

负责审理的官员都是秦桧的亲信。他们把岳飞打得遍体鳞伤，戴上枷锁镣铐，还恶狠狠地训斥说："国家从来没亏待过你，你为什么要谋反？"

岳飞理直气壮地说："我可以对天起誓，绝没有谋反的念头。倒是你们陷害忠良，天理不容！"

岳飞无辜被关进监狱以后，朝廷许多正直的大臣都出来为岳飞担保。大将韩世忠当面质问秦桧："你说岳飞要谋反，究竟有什么证据？"

"听说岳飞的儿子岳云写信给张宪，让他起兵，这件事莫须有（也许有）……"秦桧支支吾吾地说。

韩世忠听了，气愤地说："难道'莫须有'

三个字，就能让天下人相信吗？"

然而，宋高宗和秦桧早已下了除掉岳飞的决心。他们已经跟金国重新订了和议，宋朝照旧向金国称臣，每年照样进贡银子和绢帛。他们心甘情愿地跪倒在敌人面前，当个屈辱的儿皇帝。在金国的催逼下，宋高宗亲自下令，把岳飞、张宪和岳云处死。

1142年1月27日，伟大的民族英雄岳飞在临安风波亭饮下毒药，惨死在昏君和内奸的手里。张宪和岳云被斩首。岳家军被秦桧的亲信接管，大将牛皋也被毒死，很多将领被赶走。一支抗金的队伍就这样被拆散了。秦桧为敌人当内奸，成了世世代代人人唾骂的罪人，宋高宗亲自下令杀害了他称赞过的岳飞，也就成了中国历史上最招人恨的皇帝。

英名长存

岳飞在遇害之前,亲笔写下了八个字:"天日昭昭,天日昭昭!"表明了自己对国家是问心无愧的。

岳飞从一个穷人家的孩子,成长为国家的栋梁,他有着许多优秀品质。他治军严,治家也严,孝敬父母,对子女从不娇纵。他的儿子岳云跟随他多年,为国立了大功。他生活艰苦朴素,在战场上身先士卒,有很高的威信。正因为这样,岳飞受到了人民的热爱。许许多多的官员和百姓为他的遭遇鸣冤叫屈。

在岳飞遇害二十几年以后,南宋朝廷不得不为他平反昭雪,恢复了他抗金英雄的名誉。坐落在杭州西湖畔的岳飞墓,几百年来,是人们凭吊英雄的地方。在墓前跪着的是秦桧等四个历史罪人像,他们受到世世代代人的唾骂!

岳飞不但能带兵打胜仗,还能写出很有文采的诗词。现在,每当人们提到岳飞的时候,都会想起他写的《满江红》:

怒发冲冠,凭栏处、潇潇雨歇。抬望眼、仰天长啸,壮怀激烈。三十功名尘与土,八千里路云和月。莫等闲、白了少年头,空悲切。

靖康耻,犹未雪。臣子恨,何时灭?驾长车,踏破贺兰山缺。壮志饥餐胡虏肉,笑谈渴饮匈奴血。待从头、收拾旧山河,朝天阙。

多少年来,这首词激励着无数爱国的人们,为了保卫祖国而献身沙场。

戚继光

（1528—1587）

戚继光，明朝著名的抗倭将领、民族英雄。戚继光从年轻时代就从军卫国，有着卓越的军事才能，在练兵、阵图、军械等方面都有创见。他组织、训练的戚家军，驰骋东南沿海各省，历经八十多次战斗，平定了为害我国东南沿海三百多年的倭寇。

舅父和外甥

戚继光出身在将门之家。他的父亲戚景通曾在北京当过神机营（明时使用火器的部队）的副将。他晚年告老还乡，埋头著书，总结一生的作战经验。除了写书，戚景通还有一件很上心的事，就是教育儿子。虽然他在五十八岁那年才有了戚继光，但并不因晚年得子，就对戚继光过分溺爱。他对儿子要求很严格，希望他长大后能成为对国家有用的人。

戚继光十七岁的时候，到登州（在现在山东省）当了一名军官。十年以后，他升了官，管理三营二十五卫所，负责海防。

当时，明朝海防空虚，守卫山东沿海的士兵，多半是老弱残兵，纪律十分涣散。

戚继光一到任，就决心整顿军队。可是，

一些军官看戚继光个头不高，又那么年轻，并不把他放在眼中，常常违抗军令。这些人中，就包括戚继光的远房舅父。

戚继光想：这位舅父总是倚老卖老，不听命令，不光让我为难，还引得别人也不守军纪。要是不先处分他，我怎么能指挥全军呢？

这一天，戚继光当着众将士的面，要舅父去执行一项军令。舅父听完，哼哼哈哈地答应着，可仍旧站着不动。戚继光马上命令军士，按军法处置了他。舅父当众受了处罚，又气又恼，怨恨戚继光不讲情面。

当天晚上，月明风清，戚继光令家人摆酒菜，把舅父请来，让他坐在上位，恭恭敬敬地用晚辈的礼节向他赔罪。戚继光说："今天是家宴，您是长辈，我要请您坐上位，还要向您赔礼。可我们都是军人，在军中是不分辈分长幼的。您从军多年,应该懂得这个道理。"

舅父见戚继光说得情真意切,心中十分悔恨。他跪在地上,对外甥说:"我服气了。希望你今后执法如山,要是我再违令,尽管用严刑惩治。"

这件事传遍了全军。官兵们都十分佩服戚继光治军有方。从此,军中风气好转了,山东的海防得到了加强。

初战倭寇

戚继光的名气越来越大,逐渐受到了朝廷的器重。于是,朝廷便把戚继光从山东派往浙江,任定海参将,守卫宁波、绍兴、台州三府,专门对付来犯的倭寇。

戚继光刚到任不久,就有一股八百多人的倭寇窜到宁波的龙山所劫掠。戚继光知道后,马上率军围剿。他正带兵前进，突然看到那些倭寇正分成三路，迎面冲杀过来，口中还哇啦哇啦地狂呼乱喊。从前，官军打了多次败仗，心中胆怯，一见倭寇高举倭刀冲杀过来，阵脚马上有些不稳，一些怕死的军官急忙勒住马，寻找退路。

戚继光看到官军竟如此懦弱，心中非常生气。他环顾一下四周，飞身跃上一块巨石，挽弓搭箭，只听"嗖"的一声，领头冲杀的一个倭寇头目应声倒地。说时迟，那时快，戚继光放的第二箭，又把倭寇的另一个头目射中了，他还没来得及吭一声就咽了气。接着戚继光的第三箭射死了第三路的倭寇头目。

倭寇看见自己的头领都丧了命，立刻慌乱起来，就像一群无头苍蝇，四散奔逃。官兵们见自己的统帅三箭射死了三名倭寇头目，士气大振，都争先恐后地举刀挥枪，奋勇冲杀过去。

这一仗，戚继光率领的官军大获全胜，坚定了沿海军民战胜倭寇的信心。人们纷纷称赞这位年轻的将军有勇有谋，浙江人民把平定倭寇的希望寄托在他身上。

海门卫大捷

有一次，戚继光率领一队人马昼夜兼程赶到海门卫，会合另一位抗倭将领谭纶，准备一起扫平这一带的倭寇。就在到达海门的当晚，戚继光接到报告，说有三千名倭寇正在向海门进犯。他马上命令海门驻军严密监视倭寇动向，第二天再同倭寇决战。

不料，海门卫军松懈惯了，尽管接到命令，却仍然麻痹大意。海门紧靠大海，卫城离大海只有一里远。半夜，数百名倭寇悄悄潜到城下，飞速向城上爬去。等到守城官军发现，已有三十多个倭寇爬上了城头。

戚继光听说以后，来不及整顿好队伍，就飞身上马，手舞双剑，飞快地驰向城门。

夜虽然深了，可城头上的厮杀声，武器的碰撞声响成一片，火把的亮光把城头照得通明。戚继光手舞双剑，飞马跃上城头。

"戚将军一人冲上去了！"

明军将士看到戚继光亲自上阵，也都手持兵器，跟着冲上城头。随后，谭纶将军也带兵赶来，呐喊着砍杀不断攀上城头的倭寇。敌人终于溃败了，城下的大队倭寇丢下城头的残兵败将，狼狈逃窜。

戚继光抓住这有利战机，命令乘胜追击。几天的时间，明军沿海追杀四处逃散的倭寇，共消灭了一千多人，烧毁敌船三十多艘。

穷途末路的倭寇决定最后一拼。他们兵分五处，分别占据海岸边上的一些山丘，准备据险死守。他们还抢来几十只船，预备一旦失守，就逃到海上。

戚继光决心彻底消灭这股敌人，他迅速做好部署：命令一队人马沿海边快速迂回到山背后，隐蔽地接近敌人，斩断他们逃往海上的生路；又让另一队人马在海口处留下一条道路，将精兵埋伏在路旁，形成一个口袋阵，只等敌人钻进来后，一网打尽；戚继光亲自率领队伍从正面猛攻。

决战开始了。两个倭寇头目手摇小旗，指挥倭寇往山下射箭、扔石头。明军冲了几次都没有成功。戚继光看硬攻不行，把弟弟戚继美叫到一旁，低声说了几句，然后兄弟俩匍匐着爬到阵前，隐蔽在大石头后面，暗中瞄准两个摇旗的倭寇头目，一人一箭。只见两个敌人身子摇了几摇，扑通倒在了地上。倭寇顿时乱了阵脚，纷纷钻到岩石缝中和树后面躲避。乘这个间隙，戚继光命令队伍往上冲。

这时候，包抄后路的明军也赶到了。前后夹击，迫使倭寇夺路而逃。他们果然乖乖地钻进了戚继光部署的口袋阵。顿时金鼓齐鸣，无数明军杀过来。

敌人见再也无路可逃，就不顾一切地往大海里跳，一时淹死了不少。来不及跳海的，纷纷跪在地上磕头求饶，就连这支倭寇的总指挥也趴在地上，磕头如捣蒜，举手投降了。

海门卫大捷极大地鼓舞了明军士气。从此，倭寇一败再败，抗倭斗争节节胜利。

戚家军

在抗击倭寇的斗争中，戚继光建立了一支纪律良好、英勇善战的队伍。他不仅严格训练士兵，还给他们讲解爱国爱民的道理。这支队伍受到了人民的拥护，被称为"戚家军"。

有一次，大股倭寇在浙江台州沿海登陆。戚继光率戚家军分三路迎敌。队伍行进到离台州只有二里远的花街，和倭寇遭遇了。双方刚摆开阵势，一名倭将左手持矛，右手握刀，跳到阵前挑战。

戚继光见敌人如此凶猛，就有意激励自己的将士。他在阵前脱掉自己身上的银铠甲，大声宣布："谁能杀败这个倭将，我就送他这身银铠甲！"

话音未落，一名小校已跳到阵前，挥舞手中

长枪，跃跃欲试。见戚继光点头答应了，他立即冲过去，只几个回合就把那个倭将挑翻在地。

倭寇见死了一员大将，全都向戚家军冲过来。戚继光端坐马上，屹立阵前，从容指挥。军旗招展，鼓角声声，十分威武。不到半个时辰，倭寇已经支撑不住，纷纷溃败，戚家军趁势冲杀过去。倭寇一见，使出惯用伎俩，把抢来的金银珠宝漫天抛撒，企图诱惑戚家军停止追击。

倭寇哪里能想到，戚家军军纪森严，不同于明军其他部队。他们根本不看满地的金银财宝，只顾奋勇追杀。倭寇见此情景，绝望地哀叫："完了，完了！"

这一仗，敌人损失惨重，大部分倭寇不是死就是伤，只剩下一小部分逃回海上。

经过七年的时间，戚继光率领戚家军，在

陆上,在水上,把倭寇杀得丢盔弃甲,魂飞魄散。倭寇再也不敢来浙江沿海地区骚扰了。

横扫倭穴

倭寇不敢到浙江沿海,又南下到福建沿海烧杀抢掠。这样一来,福建人民又不得安宁了。福建地方官吏招架不住,接二连三向朝廷告急。朝廷决定把戚家军派往福建去剿寇。

戚继光率军来到福建,决定首先攻打倭寇的巢穴——横屿。

横屿是海中的一个小岛,和陆地隔着十里浅滩。来潮时,浅滩被淹没,潮退后,又成为一片烂泥,人马不易通行。由此,狡猾的倭寇相中了这个易守难攻的小岛作据点。他们在岛上构筑坚固的工事,长期盘踞,四处掳掠。在此之前,明军曾几次攻打横屿,都失败了。

这一天，天将五更，戚家军悄然无声地开到横屿岛对面的海滩上。戚继光召集好队伍，用手指着横屿岛，对将士们说："对面就是倭寇盘踞的横屿。现在我们要攻占它。眼下正是落潮，等我们赶到岛上正是涨潮时分。我们上岛后，要么全歼倭寇，要么就吃败仗，败了是没有退路的。要想求生就一定要消灭倭寇。我们大家都要抱定必死的决心。谁要觉得自己的胆量不够，可以不去，我也不忍心让你们白白地去送死！"

戚继光的一席话，把全军将士的勇气一下子激发出来。勇士们挥舞着手中的武器，高声呼喊："我们不远千里跟随将军来到这里，图的就是杀敌报国，怎能向倭贼示弱！""养兵千日，用兵一时，谁不敢去谁就不是男子汉！"

戚继光见群情激昂，也激动地对大家说：

"这次出征,我要亲自擂鼓为众将士助威!"

一声令下,戚家军全体将士赤裸着上身,排好队伍,每个人手里都提着一捆稻草出发了。他们把稻草铺在退潮后露出的泥滩上,然后卧倒匍匐前进。戚继光站在海岸边一块突出的礁石上,用力擂起战鼓助威,战士们每前进百步远,他就停歇一下,等后边的士兵赶到前面用稻草铺好路,他又擂鼓,指挥戚家军前进。咚咚的鼓声有节奏地响着,戚家军迅速地向横屿岛接近。

戚家军一踏上横屿岛,立即向敌人发起进攻,喊杀声从岛上一直传到海岸边。横屿是倭寇经营多年的老巢,存有大批粮食和辎重,他们不肯轻易丢弃。于是双方杀得难解难分。

在岸上准备接应的将士见岛上打得十分激烈,个个摩拳擦掌,纷纷向戚继光请战。戚继光又用力敲响了战鼓，战士们争先恐后地冲了上去。倭寇见戚家军源源不断地从大陆上杀过来，军心开始涣散。临近中午时分，倭寇终于支撑不住，四散奔逃。

这场决战前后不过三个时辰，戚家军消灭了倭寇两千六百多人，被倭寇抢去的大量财物也被夺了回来。

戚家军凯旋回营，共庆胜利。但是当地供应很差，连盐都没有，更没有酒了。士兵们在野外宿营，情绪却十分高涨。八月十五中秋节那天，戚继光和将士们一起赏月，鼓声中唱起他亲自写的凯歌。歌中唱道："万众一心兮，泰山可撼。惟忠与义兮，气冲斗牛。……号令明兮，赏罚信。赴水火兮，敢迟留？"

戚家军两次到福建,终于彻底打垮了倭寇。戚继光又挥军南下，和另一位抗倭名将俞大猷

（yóu）把进犯广东的倭寇肃清了。从此，自元代开始为害我国东南沿海三百多年的倭寇被基本平定了。戚继光和他的戚家军为保卫国家和人民，建立了卓越的功勋。

英名永垂青史

东南沿海的倭寇平定了，北方的鞑靼（dádá）骑兵又来进犯边境，朝廷决定把戚继光调到蓟州（在现在河北省）担任护卫京师的重职。

鞑靼骑兵万马疾驰，来去不定。蓟州防区辽阔，兵力薄弱。戚继光根据这个特点制定了以守为主的策略。他终日奔走在前线，督修加固长城，创建了可攻可守的空心敌台。戚继光还研究出了车、步、骑多兵种配合作战的新战法，让士兵操练演习。蓟州边防渐渐有了起色。鞑靼骑兵见戚继光在此防守，有十几年不敢在蓟州越边犯境。

戚继光为保卫国家费尽了心血。可是，支持他的首辅大臣张居正一死，反对张居正改革的人马上串通起来攻击他，还把戚继光说成是张居正的同党。于是戚继光被调离蓟州重地，派往广州驻屯。

戚继光离开蓟州那天，百姓们扶老携幼来到街头，拦住将军的轿子大哭，有的人跟在轿子后面，久久不愿离去。戚继光怀着痛苦的心情，踏上了南行的道路。

戚继光到了广东，整天无事可做，实际上是被朝廷弃用了。不久，他只好回山东老家养老去了。

戚继光多年驰骋战场，叱咤风云，名震一世，到了晚年却十分凄凉。不但心境不好，而且在患了重病以后，还没钱请医生治病。由于多年的征战和晚年受到的冷遇，戚继光还不到六十岁，就成了一个体弱多病的老人。

1587年的一天半夜，戚继光突然病重，不省人事。家人高声叫他，求他嘱托后事，他说不出一句话来。当东方微露晨光的时刻，伟大的民族英雄戚继光闭上了眼睛，与世长辞了。